NOTICE

SUR

LA VIE ET LES ŒUVRES

DE

GUSTAVE RAMBOT

PAR LE CHEVALIER

L. DE BERLUC - PERUSSIS,

MEMBRE DE PLUSIEURS ACADÉMIES.

AIX,

IMPRIMERIE ILLY, RUE DU COLLÉGE, 20.

1860.

NOTICE

SUR

LA VIE ET LES ŒUVRES

DE GUSTAVE RAMBOT (*).

—

Destiné, d'après le vœu de l'auteur, plutôt à ses familiers qu'au public, ce livre, — souvenir posthume légué par un ami à ses amis, — serait incomplet, ce nous semble, si nous ne disions ici quelques mots de l'écrivain élégant et regretté qui a clos par là sa laborieuse carrière, et dont le souvenir est cher à tous ceux qui liront ces pages. Ceux-là même, d'ailleurs, qui, moins heureux que nous, n'ont pu connaître de près l'homme et son caractère, ne liront pas sans quelque

(*) Cette Notice a été publiée en tête d'un recueil de poésies, intitulé *les Distractions*, que M. Gustave Rambot nous a chargé, par son testament, de faire imprimer, pour en adresser en exemplaire à chacun de ses amis ; c'est à ce recueil que les premières lignes de cette notice font allusion.

intérêt, croyons-nous, le récit de cette vie toute remplie de travail et d'honneur, dont le volume que nous publions aujourd'hui n'a été qu'une dernière et poétique étape.

L'auteur des *Distractions* n'a pas été le premier à porter dignement, et avec un certain éclat, le nom de Rambot. Ses ancêtres, originaires, suivant une tradition domestique, de la Franche-Comté, vinrent s'établir à Aix, selon toute apparence, sous le règne de Louis XIII. Jean-Claude Rambot, qui se fit, au milieu du dix-septième siècle, une célébrité locale par son ciseau, et que Pitton (*) nous donne comme « un des galants sculpteurs » dont notre ville peut s'enorgueillir, est la tige de cette famille ou, du moins, son plus ancien auteur connu. Il était né à Aix, suivant Pitton (**) ; sans pouvoir donner, à cet égard, d'indication précise, car les registres paroissiaux conservés à la mairie d'Aix, ne remontent pas jusqu'à cette époque, nous pouvons, à l'aide de son acte de décès, fixer approximativement la date de sa naissance à l'année 1621. Il avait donc dix-huit ans environ, lorsque Daret vint se fixer à Aix, où il fonda une sorte d'Académie des Beaux-Arts. « Il était arrivé, dit de Haitze (***), qu'à

(*) *Histoire de la ville d'Aix,* p. 612.— Rouard, *Notice sur la Bibliothèque-Méjanes,* p. 246.

(**) *Loc. cit.*

(***) Histoire manuscrite de la ville d'Aix, liv. XXII, année 1668.

son exemple il s'était fait dans la ville un assemblage de savants peintres, d'habiles sculpteurs et d'excellens architectes; ces artisans de distinction attiraient la curiosité et l'argent du dehors. » C'est à cette école que se développa le talent de J.-C. Rambot. Aussi, le 9 août 1659 (*), fut-il chargé, avec Pierre Pavillon et Jacques Fossé, des travaux de sculpture de la façade de l'Hôtel-de-Ville, qui venait d'être rebâti.

Bien qu'il fut assez de mode, en ce temps, de joindre les études de l'architecte à celles du peintre et du sculpteur, le plan de cette façade n'est pas de nos trois artistes ; il leur a été imposé, et ils ont dû le suivre servilement. Qu'on le loue ou qu'on le blâme, qu'on aime cet art antique qui détrôna un jour l'art national, ou qu'on partage notre peu de sympathie pour cette architecture froide et compassée, ce n'est donc pas à Rambot et à ses collaborateurs que revient l'éloge ou la critique. Leur rôle se borna à fouiller la pierre et le marbre, et ici, quelle que soit l'opinion que l'on professe en matière d'art, on ne saurait disconvenir que la façade de l'Hôtel-de-Ville, toute mutilée que la Révolution nous l'a laissée, toute dépouillée qu'elle est aujourd'hui de ses détails les plus riches, est une œuvre savamment et exquisement travaillée. Les rinceaux qui surmontent la porte d'entrée, les ornements qui encadrent chaque fenêtre, les chapitaux doriques et ioniques

(*) Archives de l'Hôtel-de-Ville : Registres des contrats, année 1659, notaire Decitranc ; Comptes trésoraires, années 1659 à 1668. — Roux-Alpheran, *Rues d'Aix*, t. i, p. 85.

du rez-de-chaussée et du premier étage, les roses de la frise dorique, et surtout cette belle frise ionique qui court, au premier étage, d'un bout de la façade à l'autre, comme une ceinture printanière, tout cela est d'un fini irréprochable et d'une élégance achevée. Mais que de choses ont disparu sous le marteau stupide de 93, qui devaient donner à cette façade, dont l'ensemble paraît lourd aujourd'hui, ce cachet de légèreté que l'œil n'y retrouve plus ! Les roses qui s'étalent dans les métopes de la première frise, étaient alternées avec des L couronnés, que l'on retrouvait encore, ainsi que des W emblématiques, au-dessus et au-dessous des fenêtres ; des masques, ou plutôt des cariatides, soutenaient la corniche supérieure ; au-dessus du balcon se trouvaient les armes de la ville ; plus haut, le buste, en marbre, de Louis XIV, surmonté des armes accolées de France et de Navarre, que soutenaient, dit naïvement de Haitze, deux anges *plus grands que nature ;* enfin, à droite et à gauche du balcon, on voyait les statues de Charles III et de Louis XI, qui, bien qu'elles ne soient pas mentionnées dans le contrat de 1655, devaient être des mêmes sculpteurs.

Cette œuvre, à laquelle J.-C. Rambot travailla une dizaine d'années, n'est pas la seule qu'il nous ait laissée. Roux-Alpheran (*) trouve, entre l'Hôtel-de-Ville et l'hôtel de l'Estang-Parade, un air de famille, qui laisserait supposer

(*) *Rues d'Aix,* t. II, p. 240.

que les mêmes ciseaux y ont travaillé. Quoi qu'il en soit de cette supposition, et de celles qu'on pourrait faire encore, en étudiant nos hôtels aristocratiques, J.-C. Rambot laissa un nom qui, de nos jours encore, est connu. Il mourut à Aix, le 1er août 1694, et fut enseveli dans l'église Saint-Sauveur (*).

Il laissait un fils, Jean-Baptiste, né vers 1661, qui suivit la profession de son père et mourut en 1745, après avoir, à son tour, dirigé vers la sculpture l'éducation de son fils aîné, Jean-André. Celui-ci, qui était né en 1690, alla s'établir à Bordeaux. Ses deux frères, Jean-Baptiste et Gaspard-Gabriel, furent, l'un bénéficier du chapitre d'Aix, l'autre notaire royal dans cette ville. C'est par ce dernier, — qui naquit en 1712, exerça les fonctions notariales de 1743 à 1786, et mourut en 1793, — que se continua la descendance.

Outre une fille, mariée à M. Meyer, conseiller à la cour d'Aix, il eut un fils, Jacques Rambot, né en 1747, qui fut avocat au Parlement de Provence, et l'un des signataires de

(*) Voir les registres de la paroisse Saint-Sauveur, à l'Hôtel-de-Ville. C'est à l'aide de ces registres que nous avons pu dresser, non sans peine, la généalogie de la famille Rambot ; nous devons aussi plus d'une communication obligeante à M. le conseiller de Fonvert, issu de cette famille par les femmes, à M. Jules de Seranon, à M. de Salve, à M. Félicien de Létang, à M. le docteur Jouven, tous amis du regrettable auteur des *Distractions*.

la lettre courageuse adressée, le 17 mai 1788 (*), par les membres du barreau d'Aix, au garde-des-sceaux, à l'occasion des nouveaux édits. Le 24 février 1790, Jacques Rambot devint procureur de la commune d'Aix ; il prononça à cette occasion un discours qui a été imprimé (**) et qui témoigne à la fois d'une ame droite et d'un amour sincère de son pays. L'intelligence et l'activité qu'il déploya dans l'exercice de ces fonctions lui valurent, le 27 novembre suivant, un siége de juge au tribunal de district (***). Il fut, en cette qualité, appelé à faire l'instruction de la fameuse affaire des officiers du régiment de Lyonnais, qui mit en feu, le 12 décembre 1790, les clubs d'Aix et la population tout entière (****). Il se montra, en cette circonstance et dans les crises qui ne tardèrent pas à la suivre, impartial et conciliant ; mais son royalisme bien connu, joint à la douceur de son caractère, ne tardèrent pas à le rendre suspect. Quand vinrent les jours de la Terreur, il fut obligé de fuir.

C'est à Gréoulx qu'il se réfugia. Là vivait une aimable, pieuse et spirituelle femme, âgée de trente ans à peine, et

_____

(*) Ch. de Ribbe, *Pascalis*, p. 305.

(**) *Discours prononcé par M. Rambot, avocat, procureur de la commune d'Aix, lors de la prestation du serment ;* in-8º de 4 pages, s. l. n. d. (Bibliothèque-Méjanes, recueil intitulé : *Assemblée nationale, Provence,* t. IV, nº 18).

(***) *Procès-verbal de l'installation des juges du district d'Aix.* Aix, Gibelin-David et Émeric-David, 1790.

(****) *Procédure prise par le tribunal du district d'Aix, etc.* Aix, Mouret frères, 1791.

native d'Aix comme lui. Jeanne-*Thérèse*-Élisabeth Grange appartenait, par son père, à la bourgeoisie aixoise, et, par sa mère, à la famille Mouret, qui a donné des imprimeurs connus. Elle avait épousé, en 1783, Jean-Baptiste-Joseph Gravier, médecin, dont la famille, originaire de Riez, possédait les eaux de Gréoulx depuis une trentaine d'années (*) ; son mari était mort l'année suivante, quelques jours avant la naissance d'un fils (**) qu'attendait bientôt une brillante destinée. Absorbée par l'éducation de ce fils, madame Gravier vivait à Gréoulx dans une solitude qui ne s'animait pas même, en ces temps malheureux, durant la saison des eaux, lorsque Jacques Rambot vint y chercher un asile ; la courageuse veuve accueillit le proscrit, et fut assez heureuse pour le soustraire à l'inévitable échafaud d'Orange. Celui-ci s'éprit de sa bienfaitrice, et, dans les premiers mois de l'année 1795, un prêtre les unit secrètement.

De ce mariage naquit à Aix, le 24 janvier 1796, *Gustave-Bruno* Rambot, le héros de cette modeste notice (***). Sa

(*) L'abbé Jean-Baptiste Gravier en avait fait l'acquisition en 1752 ; il édita l'année suivante le *Traité sur les eaux minérales de Gréoulx en Provence*, du docteur Esparron, et mourut en 1781, instituant pour son héritier Antoine Gravier, son neveu, père du médecin.

(**) *Jean-Baptiste*-Joseph-Antoine Gravier, dont nous parlerons bientôt, et qui devint pair de France.

(***) Il naquit rue Bellegarde, dans la maison paternelle. Sa naissance fut enregistrée à la mairie de Gréoulx le 12 septembre 1798, après que des temps plus calmes furent revenus.

première enfance s'écoula au milieu des tristesses continuelles des deux époux, dont la liberté et la vie étaient constamment menacées par les sans-culottes. Son père, brisé par ces terribles épreuves, ne tarda pas à être atteint d'un mal sans remède ; il mourut à Aix, à peine quinquagénaire, le 13 avril 1801 (*). Devenue veuve pour la seconde fois, madame Rambot se consacra tout entière, dès ce jour, à ses deux enfants, qui devaient, l'un et l'autre, et dans des carrières différentes, consoler, par leurs succès, ses vieilles années.

L'aîné, le jeune Gravier, après avoir fait ses premières études à Varages, se destina d'abord à la carrière paternelle, et suivit, à Paris, sous l'Empire, les cours de la Faculté de médecine. En même temps, son frère Gustave était assis sur les bancs du Lycée Napoléon, ancien collége Henri IV, où il fut le condisciple et l'ami de plus d'un de nos hommes d'État. Ces études achevées, les deux frères revinrent en Provence, le docteur Gravier pour diriger l'établissement thermal de Gréoulx, Gustave Rambot pour s'inscrire, comme étudiant, à l'École de droit d'Aix. A l'exemple de son père, qui avait su se faire estimer de tous dans sa carrière d'avocat et de magistrat, il se proposait de revêtir la robe, lorsqu'une révolution inattendue, le retour de l'île d'Elbe, vint changer ses projets, et lui ouvrir un chemin tout nouveau.

(*) Une tradition de famille veut que le prétendu buste de Mirabeau jeune, qui se trouve au Musée d'Aix, ne soit autre que celui de Jacques Rambot.

A la première nouvelle du débarquement de Bonaparte, le docteur Gravier, que la Restauration avait investi des fonctions de maire de Gréoulx, crut de son devoir de fonctionnaire et de dévoué royaliste, d'organiser, dans sa commune, une résistance armée. Des volontaires royaux se présentèrent de tous côtés ; au premier rang, figurait l'étudiant Rambot. Héritier d'une famille où le double culte des institutions monarchiques et des libertés publiques se transmettait avec le sang, il quitta, sans hésitation, le Code pour l'épée, et fut porté d'acclamation à la tête de sa compagnie. L'armée royale du Midi marcha sur Sisteron, dans l'espoir d'arrêter l'empereur au passage ; mais il était déjà loin, et, peu de jours après, il entrait aux Tuileries. Le docteur Gravier fut, comme de raison, destitué de ses fonctions municipales. Il y fut rappelé immédiatement par les suffrages de ses concitoyens, réunis en assemblée primaire; mais, fidèle à sa conscience et à son premier serment, il refusa de jurer obéissance au gouvernement des Cent-Jours, et protesta contre l'acte additionnel. Bientôt survint le désastre de Waterloo : les deux frères se remirent courageusement sur la brèche, et, tandis que de sanglants excès souillaient plus d'une commune voisine, ils maintinrent, dans le rayon de leur influence, l'ordre et le calme. Aussi, lorsque les conseils électoraux furent convoqués, quatre arrondissements élurent le docteur Gravier candidat à la députation, — le collége des Basses-Alpes l'envoya, à l'unanimité, à la Chambre de 1815,—et le roi, dans le courant de cette même session, le nomma caissier-général de l'amortissement. Peu de temps après, son frère Gustave, qui s'était pris, sous l'uniforme de capitaine des volontaires, d'une vocation décidée pour la carrière militaire, abandonna complètement ses études juridiques, — que, du reste, il acheva, croyons-nous, à son retour de l'armée,—et obtint, le 18 avril 1816, une lieutenance dans les chasseurs du Gard (10me et, plus tard, 5me régiment de chasseurs à cheval). Il n'avait guère alors que vingt ans.

Il lui tardait qu'une occasion vint se présenter à lui, de justifier la faveur royale; cette occasion se fit attendre jusqu'en 1823. Promu, le 26 février de cette année, au grade de capitaine dans le même régiment, et nommé, le 25 juin suivant, officier d'ordonnance du général baron Saint-Cyr Nugues, chef d'état-major-général du deuxième corps de réserve de l'armée des Pyrénées, il fut appelé, en cette qualité, à prendre part à la guerre d'Espagne. On sait l'histoire de cette rapide et belle campagne, qui clôtura glorieusement le règne de Louis XVIII, comme l'expédition d'Alger devait clore celui de son successeur, et qui rendit, en quelques mois, au roi Ferdinand son trône, à la France l'ancien prestige de ses armes. Le capitaine Rambot y déploya une intrépidité toute provençale, et des talents militaires qui s'y allient difficilement. Il se distingua au siége de Pampelune, où le 5me corps, auquel il était attaché, fit preuve, sous les ordres du maréchal de Lauriston, de l'activité la plus prodigieuse. Investie le 3 septembre, la place, bien que vigoureusement défendue, tint à peine quinze jours : dans la matinée du 16, un combat définitif s'engagea ; il dura toute la journée, sans que l'avantage restât un seul instant aux troupes assiégées ; à minuit, des parlementaires furent envoyés au maréchal. Le baron Saint-Cyr, muni de pleins pouvoirs et accompagné du capitaine Rambot, se rendit aussitôt dans la place, pour traiter avec le gouverneur. Il revint au camp quelques heures après, porteur de la capitulation. Une toile historique consacre, au Musée de Versailles, le souvenir mémorable de ce siége : on y retrouve, à côté de celle de son général, la belle et martiale figure de Gustave Rambot (*).

La seule récompense que le jeune officier d'ordonnance eut ambitionnée ne se fit pas attendre. S. A. R. Mgr le duc d'Angoulême le nomma légionnaire, sur le théâtre même de la guerre ; par ordonnance royale du 24 décembre, il fut confirmé dans ce grade, pour prendre rang à dater du 20 octobre, et M. Gravier fut délégué pour lui donner l'accolade. Une autre ordonnance du prince commandant en chef, datée du 18 novembre et confirmée le 12 janvier, l'autorisa à accepter et à porter la Croix d'Or de première classe de l'ordre de Saint-Ferdinand, « comme un témoignage de

---

(*) Le portrait que nous donnons en tête de cette biographie a été lithographié par un de nos compatriotes, M. Belliard, avec son habileté ordinaire, d'après un portrait au crayon, antérieur de quelques années à la toile dont nous venons de parler, et qui fut retouché plus tard pour les détails du costume ; ce crayon a été légué, par M. Gustave Rambot, au Bureau de Bienfaisance d'Aix, et c'est grâce à l'obligeance des administrateurs de cette œuvre que nous avons pu en donner ici une reproduction.

satisfaction de ses services, dans le cours de la campagne qui venait de se terminer. » (*)

L'année suivante, le capitaine d'état-major Rambot fut proposé pour un emploi de maréchal-des-logis de deuxième classe dans les gardes-du-corps du Roi; mais des circonstances particulières lui firent abandonner ce projet. Il resta à la tête de sa compagnie jusqu'en 1829 : des raisons de santé le contraignirent, à cette époque, à quitter le service actif; il fut admis au traitement de réforme le 3 mai.

Ici commence, dans la vie de M. Gustave Rambot, une seconde phase, qui ne ressemble en rien à la première. En brisant son épée, en renonçant à une carrière dont les débuts avaient été brillants et qui lui réservait, à coup sûr, un bel avenir, le jeune officier n'éprouva nul regret. Depuis longtemps, ses goûts l'attiraient ailleurs. Son esprit cultivé, son caractère indépendant, s'accommodaient mal de cette vie de garnison, toute mathématique et matérielle, qui ne lui permettait guère de suivre sa prédilection pour les choses

(*) A ces distinctions, d'autant plus précieuses qu'il venait de les obtenir à peine âgé de vingt-sept ans, M. Gustave Rambot aurait pu joindre plus tard le titre de baron, que la Chancellerie avait conféré au docteur Gravier, et dont celui-ci, qui n'avait pas d'enfants, aurait facilement obtenu la reversibilité en faveur de son frère. Mais, n'étant point marié lui-même, M. Rambot ne chercha pas à s'assurer un titre qui se serait éteint avec lui.

de l'esprit. Devenu libre, il s'y adonna tout entier. Après deux ou trois ans de séjour à Paris, auprès de son frère, qui remplissait toujours, à la Chambre et à l'amortissement, son mandat de député et ses fonctions de caissier-général, il alla s'établir à Gréoulx, où l'appelait sa mère, et se livra, dans la charmante solitude de Laval (*), à de longues études sur l'économie politique, l'histoire, l'art militaire et l'agriculture ; son esprit, un peu trop encyclopédique peut-être, embrassait, à la fois et avec une égale ardeur, les sujets les plus variés et, en apparence, les plus disparates ; la poésie elle-même venait, aux heures de loisir, lui apporter de fraîches inspirations.

Ce n'est pas en égoïste, d'ailleurs, qu'il se livrait à ces méditations et à ces travaux. Il publia, du fond de sa retraite, en 1837, une brochure qui fut remarquée des hommes spéciaux, et par laquelle il proposait de nouveaux moyens de multiplier et d'améliorer les races de chevaux indigènes.

(*) Acquise, en 1826, par madame Rambot, la terre de Laval fut successivement agrandie, de 1833 à 1841, par M. Gustave Rambot, qui dirigea pendant une dizaine d'années, les travaux d'embellissement et les améliorations agricoles, qui en font aujourd'hui une des plus charmantes villas de la vallée du Verdon. C'est là que, chaque année, outre l'aristocratie des eaux, affluaient, pendant les vacances parlementaires, les amis et les commettants du baron Gravier; Laval semblait alors se peupler, et on eut dit presque une demeure princière ; les deux frères et leur respectable mère en faisaient les honneurs avec une courtoisie que personne, dans les Basses-Alpes, n'a oubliée.

Son projet consistait à répartir, à des conditions déterminées, entre les mains des propriétaires, quinze cents étalons, et à détacher des corps de troupes à cheval un millier de juments qui, réunies à six mille autres, fournies par les propriétaires, auraient procuré une production certaine et une amélioration croissante. Le ministre de la guerre mit ce projet à l'étude ; mais, comme il semblait exiger, au préalable, la réunion des haras aux remontes militaires, et que ces deux administrations dépendaient de deux ministères différents, on vit là un obstacle insurmontable, et on laissa dormir la brochure de M. Rambot dans les bureaux de la guerre.

Un travail bien autrement important, et qui devait être le point de départ de la plus sérieuse de ses publications, ne tarda pas à absorber tous les instants de notre écrivain. L'Académie des sciences morales et politiques mit au concours, en 1838, pour le prix quinquennal fondé par le baron de Beaujour, la question suivante : « Rechercher quelles sont les applications les plus utiles qu'on puisse faire de l'association volontaire et privée au soulagement de la misère. » Séduit par l'attrait d'une question aussi élevée, plutôt que par l'espérance des lauriers académiques, M. Gustave Rambot consacra plusieurs années à l'examen de ce problème d'économie sociale et des nombreux corrolaires pratiques qui s'y rattachent ; de cette étude sortit, non pas un simple mémoire, mais un vaste ouvrage, dans lequel il développait tout un nouveau système d'association, où le travail et le capital devaient apporter chacun leur contingent, pour l'accroissement du budget commun.

Tandis qu'il venait de mettre la dernière main à cette œuvre capitale, un honneur inattendu l'appela à Paris. Le baron Gravier venait de se démettre de ses hautes fonctions financières, et une ordonnance royale, en date du 5 septembre 1842, appelait son frère à lui succéder. Les études spéciales de M. Gustave Rambot, — qui d'ailleurs, durant son premier séjour à Paris, avait été mêlé à quelques opérations de banque, — avaient tout naturellement appelé l'attention du ministre sur lui ; le nouveau caissier-général sut, au surplus, justifier, dès le premier jour, un choix qui, de prime-abord, pouvait paraître dicté par la faveur.

A peine rendu à son poste, il se hâta, avant la clôture du concours, de déposer son mémoire à l'Académie des sciences morales. Le concours de 1843 fut sans résultat, et la question remise à l'étude pour l'année 1845. Cette fois encore, le prix ne fut pas décerné ; ce n'est pas que, parmi les vingt mémoires présentés, aucun ne fut digne des suffrages de la docte compagnie ; mais, sur une question aussi brûlante que celle de l'extinction du paupérisme, l'Académie, au moment de se prononcer, éprouva quelque hésitation à accorder une sorte de sanction officielle à l'un des systèmes proposés. Elle se borna à charger un de ses membres les plus estimés comme économiste, M. Hippolyte Passy, de présenter un rapport sur le concours et sur la valeur de chacune des théories soumises à son appréciation. Le mémoire de M. Gustave Rambot fut l'un des quatre que le savant rapporteur plaça en première ligne, au triple point de vue du savoir, de la raison et du talent (*).

Encouragé par une aussi flatteuse distinction, l'auteur fit subir à son œuvre quelques retouches de détail qui lui avaient été conseillées par M. Passy, et, sans modifier, d'ailleurs, en rien, les idées générales qui avaient pu être critiquées, et dans lesquelles il avait foi, il livra son manuscrit à l'impression, sous le titre : *De la Richesse publique* (**).

Une analyse complète de ce volume serait peut-être quelque peu déplacée ici, et, d'ailleurs, son moindre défaut serait d'émaner d'une plume incompétente ; on nous pardonnera pourtant de donner une idée d'ensemble de l'ouvrage, et d'en faire connaître le plan.

La *Richesse publique* se divise en deux ou, plutôt, en trois parties : l'examen des causes du malaise moderne et des remèdes proposés par les écrivains spéciaux remplit les

---

(*) *Séances et travaux de l'Académie des sciences morales et politiques*, par M. Ch. Vergé, t. VIII, p. 17, 20 et suiv.

(**) *De la Richesse publique, de la richesse individuelle et des besoins moraux dans les sociétés modernes*, par Gustave Rambot, caissier-général de l'amortissement et des consignations. Un vol. in-8° de XV-369 pag. (Paris, Jules Labitte, éditeur, 1846).

deux premières ; la dernière, qui a pour titre : *du travail et du crédit,* renferme les idées personnelles de l'auteur, sur les meilleurs moyens d'anéantir et de prévenir le paupérisme.

Le mouvement industriel, qui accumule, aux mains de quelques financiers, les profits de toutes les entreprises de banque et de manufacture ; les commotions révolutionnaires, le défaut de confiance dans l'avenir, les préoccupations politiques qui détournent les esprits de la voie du travail ; le relâchement des liens de famille, l'immoralité et la prodigalité, qui, des classes supérieures, sont descendues dans la classe ouvrière, l'oubli de la morale et des principes religieux ; l'agglomération des travailleurs dans quelques centres, l'abandon où se trouve l'agriculture, l'influence dangereuse des condamnés libérés ; telles sont les principales causes de souffrance que M. Gustave Rambot passe successivement en revue, et qui, selon lui, sont la source première du mal social.

Arrivant ensuite à l'exposé et à la discussion des nombreux remèdes proposés de tout temps, et depuis cinquante ans surtout, par les philosophes, les politiques, les économistes, et les diverses sectes socialistes, M. Gustave Rambot s'attache à démontrer que la plupart ne sont que des palliatifs, et que quelques-uns même seraient de véritables poisons.—Ce n'est, d'après lui, ni dans les théories creuses des moralistes, ni dans la forme des goûvernements, qu'on doit chercher la solution d'un problème qui est, en quelque sorte, d'un ordre purement matériel.— Ce n'est pas davantage dans la taxe des pauvres, ni dans l'assurance d'un minimum : la taxe des pauvres atteindrait, en France, un chiffre colossal, et anéantirait peut-être notre industrie ; avec le dégradant minimum, on arriverait bientôt à ne plus trouver de travailleurs. — Moins encore faut-il chercher un remède sérieux dans le socialisme ; et ici l'auteur bat en brèche toutes les utopies qui en sont sorties, depuis la religion Saint-Simonienne jusqu'au communisme ; leur vice commun est d'être impraticable, de supprimer la propriété, sous prétexte de l'étendre à tout le monde, et de constituer l'asservissement de tous, sous le nom de liberté universelle.—Enfin vient la triple réfutation des colonies agricoles, qui ne sont possibles que dans les pays vierges ; des associations entre maîtres et ouvriers, dont le principal inconvénient serait d'exposer les uns à perdre leur liberté d'action et les autres à courir des chances de ruine ; et des ateliers nationaux, voués au sort inévitable de végéter avec l'ordre, ou de périr violemment avec la liberté.

C'est dans un mode de travail et dans une organisation financière qui unissent tous les intérêts sans les confondre, que se trouve, selon l'auteur, le seul moyen d'améliorer le sort des classes pauvres. Pour cela, deux institutions suffiraient : des *ateliers communaux*, destinés à assurer, dans les localités les plus exiguës, du travail aux bras inoccupés, et une *banque générale*, qui ferait fructifier l'excédant non consommé de ce travail, remplacerait, en la complétant, l'institution des caisses d'épargnes, et assurerait à chaque travailleur une forte pension de retraite.

Rien de plus compréhensible que l'organisation , dans chaque commune, d'un atelier agricole ou industriel. Ouvert à tous et en tout temps , le chantier local offre à l'ouvrier, pendant la morte-saison , une occupation et un salaire quotidiens, sans l'obliger à quitter, pour cela , la vie de famille. Quant aux produits de l'atelier, ils sont vendus, et le prix en est partagé entre tous les associés, eu égard au labeur de chacun, sauf une retenue, qui est déposée à la banque générale. A l'aide de ce simple versement, chaque travailleur devient actionnaire de la banque, et participe ainsi aux bénéfices énormes que cette institution, telle que l'auteur la conçoit, ne peut manquer de réaliser.

C'est ici que se développe la partie à la fois la plus ingénieuse et la plus éminemment praticable du système. — La banque générale remplit à la fois trois grandes fonctions : 1° elle reçoit les épargnes, les placements et la retenue sur le travail des ateliers, destinée à la formation des fonds de retraite ; 2° elle s'empare des opérations de la banque ordinaire, recouvrements, prêts, transferts de fonds, etc. ; 3° elle monopolise les assurances, et fait ainsi passer, chaque année, entre les mains des travailleurs associés, cent millions, qui n'enrichissent aujourd'hui , par un exorbitant privilége, que quelques banquiers et quelques compagnies d'assurance.

Ce rapide aperçu permet d'apprécier déjà les avantages pécuniaires que les classes laborieuses trouveraient dans la double institution des ateliers et de la banque générale. Mais, au point de vue social, l'amélioration serait plus sensible encore : le travail des machines tournerait au profit, non plus de quelques-uns, mais de tous ; les grandes agglomérations et les coalitions d'ouvriers ne seraient plus possibles ; l'industrie ne serait plus l'ennemie de l'agriculture, puisque le chantier local retiendrait désormais les bras dans les pays agricoles ; la féodalité financière croûlerait ; l'usure et la banqueroute deviendraient des mythes ; les ateliers communaux pourraient servir de point de départ à tout un système pénitentiaire pour les condamnés, en même temps qu'ils offriraient un refuge aux vagabonds et aux enfants abandonnés ; enfin, en attachant l'homme au sol natal, et en l'encourageant à l'économie par la formation d'une pension de retraite, ces ateliers deviendraient un puissant élément de moralisation, pourvu que de bons livres, une éducation saine et religieuse vinssent en aide à cette œuvre de régénération.

Tel est, en raccourci, le livre *de la Richesse publique.*

Ce qui le distingue, et ce qui fit son succès, c'est qu'on y trouve, non pas de banales redites où d'inapplicables théories, mais un vigoureux cachet d'originalité, mêlé à un grand sens pratique ; on ne sent là ni le réformateur trop hardi qui prêche des impossibilités, ni l'esprit timide qui suit une vieille ornière. La banque générale n'est, en somme, qu'une caisse d'épargnes ; mais à l'aide d'une extension facile et d'une innovation heureuse, elle fait du pauvre un banquier et un assureur. Quant aux manufactures communales, qui semblent, de prime-abord, renouvelées des ateliers de M. Louis Blanc, elles s'en distinguent profondément : loin de saper l'ordre établi et de conduire à la centralisation industrielle, elles sauvegardent, au contraire, tous les intérêts moraux et agricoles, et s'harmonisent parfaitement avec notre organisation municipale. Aussi, à l'apparition de son travail, M. Gustave Rambot reçut-il les félicitations des économistes les plus connus, M. Michel Chevalier en tête ; ceux-là même, et M. Passy était du nombre, qui voyaient quelque difficulté à établir un chantier dans chaque commune, applaudirent, sans restriction, à la pensée d'une banque générale. Plus d'une fois, depuis lors, ces idées furent mises en avant ; en 1848, le ministre de l'agriculture consulta les sociétés agricoles sur un projet d'ateliers communaux, et celui des finances s'occupa de la création d'une banque nationale ; la presse, vers la même époque, demanda, en faveur des classes souffrantes, le monopole des assurances, et M. Louis Blanc lui-même, si nous ne nous trompons, fit plus d'un emprunt à la *Richesse publique.*

Au nombre des suffrages qu'obtint le livre dont nous nous occupons, il en est un que nous ne pouvons passer sous silence ; c'est celui de l'Académie d'Aix et de l'un de ses plus doctes membres, M. l'abbé Sibour, aujourd'hui évêque de Tripoli ; chargé par ses confrères de leur présenter un rapport sur l'ouvrage de leur compatriote, l'honorable académicien consacra à l'examen du système de M. Gustave Rambot une longue et remarquable étude (*) ; comme M. Passy, il se plut à reconnaître que rarement le socialisme avait rencontré un plus redoutable adversaire, et que rien ne serait plus praticable que la création et le fonctionnement de la banque nationale. L'Académie, à la suite de ce rapport, décerna à M. Rambot le titre de membre correspondant.

Peu de temps après, un ancien magistrat provençal, M. Prosper Cabasse, à qui nous devons une excellente Histoire du Parlement d'Aix, traduisit *la Richesse publique* en italien (**).

Cependant, la vie de bureau et le climat de Paris avaient lentement altéré la santé de M. Gustave Rambot, et déjà commençait à se développer en lui le germe d'une longue et incurable maladie. Sur le conseil des médecins, il se décida à retourner en Provence, et, sans attendre la croix d'officier de la Légion-d'Honneur, qui allait être la récompense de ses services, il se démit, au commencement de 1847, en faveur du baron Daru, de son titre de caissier-général, au moment

---

(*) Le rapport de Mgr Sibour a été inséré *in extenso* dans le *Mémorial d'Aix* des 30 mai et 6 juin 1847.

(**) *Intorno alla Ricchezza publica e individuale, ed ai bisogni morali nelle società moderne, per Gustavo Rambot*, etc., *versione del cav. Prospero Cabasse*, etc. *Napoli, stabilmente tipografico all' insegna del Cantù*, 1847. Ce volume est précédé d'une introduction du traducteur, et suivi de l'*Esame intorno all'opera del sig. Gustavo Rambot, offerto all'Academia delle Scienze, Agricoltora, Arti et Belle-Lettere di Aix, dal sig. abbate Sibour.*

où son frère, après avoir pris part à huit législatures, venait d'être appelé à la Chambre haute (*).

C'est à Aix qu'il voulut passer ses dernières années, non pas seulement parce qu'il y était né, mais encore et surtout parce que peu de villes lui offraient un asile plus littéraire. Dès son arrivée (**), le *Mémorial d'Aix*, qui avait déjà reçu de lui plus d'une communication (***), lui ouvrit ses colonnes, et l'Académie ses portes. Il fut, jusqu'aux approches du coup d'État, le collaborateur assidu de l'un, et, jusqu'à sa mort, l'un des membres les plus actifs de l'autre.

Quel est le lecteur du *Mémorial* qui ne se souvient de ces articles, pétris à la fois de sens et d'esprit, que, pendant près de quatre années, — années de lutte et de péril, — notre

(*) La promotion du baron Gravier à la pairie, est en date du 4 juillet 1846.— Voir l'*Annuaire de la noblesse et de la pairie*, de M. Borel d'Hauterive, année 1847, p. 339.

(**) Sa première publication, en arrivant dans cette ville, fut une *Pétition adressée à M. le président et à MM. les membres de la Chambre des Députés, par M. Rambot, ancien caissier-général de l'amortissement et des consignations, domicilié à Gréoulx, B.-Alpes* (4 p. in-4°, à Aix, chez Aubin), par laquelle il demandait l'application de son système de banque, et le monopole des assurances. — Cette pétition n'est pas la seule que l'éminent économiste adressa aux députés : il leur fit distribuer, en outre, si nos souvenirs sont exacts, un Mémoire sur la nécessité de réduire les lignes ferrées à deux artères principales, et d'autres encore, qui nous échappent.

(***) Voir notamment le numéro du 1er novembre 1846.

journaliste improvisé publia chaque semaine, sous le voile
transparent de deux initiales ? Laissant à la plume, plus jeune
et plus alerte, de M. Jules de Séranon, le soin de la polémique
quotidienne, l'auteur de la *Richesse publique* s'attachait de
préférence aux questions générales de politique ou d'économie
que soulevaient les évènements, et que la révolution de 1848
ne tarda pas à mettre à l'ordre du jour ; discuter et réfuter
toutes les naïves utopies, toutes les idées folles que cette
époque d'aberration vit naître, était la tâche lourde, et ajoutons courageuse, qu'il s'était plus particulièrement imposée.
Mais il ne dédaignait pas, pour cela, de descendre parfois,
de ces hauteurs, dans les sentiers des lettres et de la poésie ;
ce n'était plus alors le penseur sévère, escorté de son savant
bagage, et tout hérissé de principes ou de chiffres ; c'était le
lettré élégant, l'homme de verve et de goût, causant, la plume
à la main, comme il eut causé dans un salon, la grâce et
l'ironie à la bouche. Nous ne pouvons, on le concevra sans
peine, donner, dans ces pages rapides, un aperçu, même
incomplet, des mille sujets que le fécond publiciste aborda
tour-à-tour dans les colonnes de la feuille aixoise. Qu'il
nous suffise de citer, parmi ceux qu'il traita avec quelque
développement, un essai critique sur l'influence des patois,
des considérations sur les lectures à bon marché, une étude
sur le recensement de 1846, une autre sur la guerre des rues,
des annotations sur les *Mémoires d'outre-tombe*, un exposé
des doctrines de MM. Louis Blanc, Cabet, Pierre Leroux
et Proudhon, des chroniques hebdomadaires, des satires
politiques, et tant d'autres articles de circonstance pour

lesquels nous ne pouvons que renvoyer nos lecteurs à la collection, malheureusement rare, du *Mémorial* (*).

Parmi les travaux que nous venons d'énumérer, il en est deux qui doivent nous arrêter un instant, soit à cause de leur importance, soit parce que, revus et publiés en brochure, ils obtinrent un succès mérité. Ce sont le *Recensement* et la *Guerre des rues*.

Le *Recensement* (**) parut en 1847, au moment où le chiffre de la population en France venait d'être officiellement constaté. Après avoir posé comme un fait acquis que ce chiffre s'était accru dans une proportion considérable, tànt à cause des immigrations qu'à cause de l'excédant des naissances sur les décès, l'auteur démontrait que la production des céréales n'avait pas augmenté dans une proportion semblable. Pour obvier aux conséquences funestes d'un pareil état de choses, il proposait d'arrêter, par des traités

(*) Voir le *Mémorial* du 24 février 1847 au 15 septembre 1850. — On trouvera aussi, du même auteur, quelques articles isolés, dans le *Journal de Saint-Gaudens* du 12 septembre 1853, l'*Abeille du Midi* des 31 décembre 1854 et 6 mai 1855, l'*Echo des Bouches-du-Rhône* du 4 janvier 1857, le *Mémorial* du 8 février suivant, et l'*Asmodée*, de Digne, des 13 septembre, 4 octobre et 22 novembre 1857.

(**) *Du Recensement de 1846, sous le rapport des subsistances, des émigrations, des immigrations, des entreprises industrielles et des travaux d'utilité publique* (in-8° de 46 p., à Aix, chez Aubin, 1847).

internationaux, le flot des immigrations ; d'augmenter la production des blés, en restituant à l'agriculture une partie de la largeur des grandes voies de communication (*) ; de remédier enfin à la rareté des bras, qui pourrait résulter de l'exclusion des ouvriers étrangers, en restreignant le budget des travaux publics, et en transformant une partie de l'armée en régiments de travailleurs.

Inspirée par les néfastes journées de juin, et adressée au ministre de la guerre, dès le 5 juillet 1848, l'étude de M. Gustave Rambot sur la *Guerre des rues* (**) fut la première qui signala un moyen d'attaquer et de détruire les barricades sans exposer les troupes. Ce moyen consiste : 1° a établir, le long de chaque rue, à l'aide d'un *blindage*, un ou deux chemins couverts qui protégeraient la circulation ; 2° à diviser les corps de troupes par détachements, que l'on enfermerait dans des *fourgons d'approche, de déblaiement et d'attaque*, sortes d'omnibus sans fond, couverts d'un

(*) Quelques années après, et sous une forme plus légère, M. Rambot proposa, dans une lettre à Alphonse Karr, un moyen plus élémentaire d'empêcher le déficit des céréales : il consistait tout simplement à rendre obligatoire pour tout le monde l'usage du pain *rassis,* qui, comme on le sait, rassasie plus vite et nourrit mieux que le pain frais ; cette idée originale, appuyée sur des calculs et des faits incontestables, fut accueillie par l'auteur des *Bourdonnements,* dans le *Siècle* du 18 janvier 1856.

(**) *De la Guerre des rues, ou moyens de détruire les barricades sans danger pour la garde nationale et l'armée* (in-4° de 3 p., à Aix, chez Aubin, 1848).

solide revêtement, percés de caronades et de meurtrières, armés de pont-levis qui s'abaisseraient sur les barricades, et traînés tantôt par les soldats eux-mêmes, tantôt par des chevaux abrités sous des tambours ; 3° à protéger les combattants ou travailleurs isolés, à l'aide de *mantelets,* ou grands boucliers, les uns portatifs, les autres montés sur des roues. C'était, comme on le voit, l'application de la stratégie des anciens à une guerre qui semblait renouvelée des temps barbares : le chemin couvert rappelle le *cuniculum ;* les fourgons sont imités de la tortue d'approche et de la tour mobile ; le mantelet est un. heureux perfectionnement du pavois. Le comité des fortifications, chargé de l'examen de ce projet, tout en rejetant les fourgons ou casemates mobiles, reconnut, en principe, l'utilité des galeries blindées et surtout des mantelets, et considéra le système de M. Gustave Rambot comme « la source de laquelle étaient sortis la plupart des appareils et propositions présentés au ministre ; » c'est ce qui résulte d'une lettre de remercîment adressée à l'auteur, le 17 décembre, par le ministre lui-même, le digne et brave général de La Moricière.

A côté des œuvres du publiciste, viennent se placer, nous l'avons dit, celles de l'académicien. En 1847, n'étant encore que simple correspondant de l'Académie, il fut, en attendant la vacance d'un fauteuil de résident, admis aux séances, et lut un discours de bienvenue sur les mœurs actuelles comparées à celles de l'antiquité. Appelé, le 24 mars de l'année suivante, à succéder à M. d'Arbaud-Jouques comme membre titulaire, il ne cessa, depuis lors, de prendre une part suivie aux travaux de la savante compagnie. Intime ou publique, une réunion de l'Académie eut été incomplète sans une lecture de M. Gustave Rambot : on aimait à entendre ses fragments économiques, ses aperçus sur la philosophie de l'histoire, ses vers faciles et sans prétention, d'où pourtant jaillissait toujours une conclusion morale. Les productions assez nombreuses qu'il présenta dans les premiers temps sont, par malheur, perdues pour la plupart, et le titre seul nous en a été conservé par les comptes-rendus officiels (*). Ce sont : des réflexions sur l'association du maître et de l'ouvrier, sur les lois agraires et sur ceux qui consomment sans produire ; une biographie du réformateur Saint-Simon ; une consciencieuse et complète histoire de la Corse ; des recherches historiques sur les Anabaptistes ; une dissertation sur l'obéissance aux lois, dans laquelle il traite des lois civiles, politiques et naturelles, de l'état calamiteux d'une nation qui ne les respecte pas, et de l'état prospère d'un pays où elles règnent sans interruption ; un proverbe, le *Fonctionnaire et le Bourgeois*, spirituel développement du *Loup et du Chien de Lafontaine* ; une comédie de salon, en vers, le *Portrait cher*, qu'il avait écrite à Paris, et dont le sujet, simple avant tout, était l'histoire d'un jeune homme (il l'avait appelé Laval)

(*) Voir les rapports annuels de l'honorable M. Mouan, secrétaire-perpétuel, dans les *Séances publiques de l'Académie des Sciences, Agriculture, Arts et Belles-Lettres d'Aix*, de 1847 à 1859.

dont le cœur, pris aux lacets d'une coquette, s'en dégage, pour revenir à un amour d'enfance; enfin un apologue intitulé *Une commotion sociale survenue dans une ruche à miel.*

Lue à la séance solennelle de 1849, cette dernière pièce, qu'on trouvera dans les Mémoires de l'Académie (*), fut vivement goûtée, et le succès qu'elle obtint, grâce surtout aux enseignements élevés qu'elle renfermait sous son allure légère, détermina l'auteur à s'adonner exclusivement à la poésie historique et anecdotique : à dater de ce jour, il écrivit une à une les pièces qui composent aujourd'hui le recueil des *Distractions,* et qui, toutes, ont pour but commun de mettre en saillie les leçons que l'histoire et l'anecdote elle-même renferment pour les esprits réfléchis. Bon nombre de ces récits épisodiques furent lus, de 1850 à 1859, soit dans les réunions privées, soit dans les séances publiques de l'Académie ; quelques-uns même ont été livrés à l'impression, savoir : *Élisabeth de France,* dans les Mémoires de l'Académie (**), *le Poète Delille,* en brochure (***), et d'autres dans divers journaux (****) ; mais le plus grand nombre n'est connu ni

(*) T. vi, p. 559.

(**) T. vii, p. 421.

(***) *Le Poète Delille,* 1793-1809, *épisode historique* (in-8º de 11 p., à Aix, chez Remondet-Aubin, 1857). Cette brochure est dédiée à J. Reboul, de Nîmes.

(****) Ce sont : *Maurégat, Saint-Thomas de Cantorbéry, les Fausses vocations, les Caprices de femmes* et *les Apostasies,* publiés, en 1857, dans l'*Echo,* le *Mémorial* et l'*Asmodée.*

du public, ni même des confrères de M. Rambot. Le volume
qui paraît aujourd'hui est donc presque tout entier inédit.

Nous avons parlé de recherches sur les Anabaptistes ;
ajoutons que ce travail fut imprimé (*). C'est en 1850, c'est-
à-dire au moment où les anabaptistes modernes s'agitaient,
que M. Gustave Rambot écrivit et publia ce curieux chapitre
d'histoire. Il pensa, avec raison, que rien ne serait plus pro-
pre à désillusionner les hommes de bonne foi qui croyaient
à la possibilité du communisme ou du socialisme, que de leur
raconter simplement les essais infructueux tentés, il y a trois
cents ans, par les réformateurs d'alors. Rien de plus curieux
et de plus instructif, en effet, que de voir, en plein seizième
siècle, le communisme et le socialisme mis en pratique : à
Munster, en 1534, vingt-cinq mille anabaptistes, maîtres de
la ville, proclament la communauté de biens, et en viennent,
au bout de seize mois, à dévorer fortunes, mœurs, croyances,
civilisation, et à se noyer dans le sang ; en Moravie, soixante-
et-dix mille individus, dégoûtés des idées communistes, se
tournent vers le socialisme, et arrivent, en peu de temps,
malgré la paix et la protection des seigneurs, à la division,
au dégoût et au relâchement. Il est, dans l'histoire des révo-
lutions humaines, peu d'épisodes plus dignes d'être connus

(*) *Histoire abrégée des Anabaptistes, ou Considérations
sur le communisme et le socialisme mis en pratique au
seizième siècle* (in-8° de 48 p., à Aix, chez Aubin, 1850).

que celui-là, et, en le remettant en lumière, M. Gustave Rambot éclaira plus d'une conscience.

Il nous faudrait encore, pour n'omettre aucune des œuvres de M. Rambot, parler d'une petite esquisse de *Bibliographie provençale* (*) qu'il publia en 1855, comme des essais dramatiques (**) et des nombreuses poésies familières qui ne sont jamais sortis de son portefeuille. Mais nous avons hâte d'arriver à deux mémoires inédits qui prouveront qu'à l'étude des sciences les plus abstraites, notre auteur savait joindre celle des sciences appliquées, et que son esprit ingénieux et inventif s'étendait à tout.

Le premier date de 1847. Il est relatif à un mode de transport des dépêches, qui permettrait de les faire arriver d'un bout de la France à l'autre avec une vitesse de cent lieues à l'heure. Le principe de cette invention est la pression atmosphérique, qui ferait courir, dans un tube où l'on aurait fait le vide, un piston auquel seraient attachées les dépêches. Présenté, le 1er septembre 1847, au directeur-général des

---

(*) *Bibliographie provençale : les Adages de Berluc* (in-12 de 10 p., à Marseille, chez Boy, 1855). On peut en lire un compte-rendu dans le *Bulletin du Bibliophile* de la même année.

(**) *La Fiancée d'Abydos*, opéra en deux actes, qui ne manque ni d'action ni de style, et *Savonarole*, drame. Cette dernière pièce a été détruite par l'auteur, peu de temps avant sa mort, en même temps que le *Fonctionnaire et le Bourgeois*, le *Portrait cher* et l'*Histoire de Corse*.

postes, ce travail fut soumis à un examen que la révolution de février vint malencontreusement arrêter. Les Anglais, qui sont à l'affût de toutes les inventions françaises pour s'en emparer, ne tardèrent pas à s'approprier celle-là. En 1855, les journaux d'outre-Manche s'entretinrent de cette découverte, et l'attribuèrent à un savant Anglais ; heureusement la priorité du mémoire de M. Rambot fut officiellement constatée par une lettre que lui adressa, le 3 avril 1855, le directeur-général des postes (*).

Pour être moins connu, le second mémoire de notre auteur n'en est pas moins important. Il est intitulé : *Nouveau moyen de transport, dit chemin sous-câble et pont-volant à machine fixe.* Comme le titre l'indique, il s'agit d'un chemin de fer aérien, qui aurait par conséquent le triple avantage d'enlever peu de terrain à l'agriculture, de n'exiger ni nivellements ni coûteux travaux d'arts, et d'être à l'abri de tous les accidents qui font dérailler les roues qui courent sur le sol. L'auteur a divisé son travail en deux parties : dans la première, il développe la théorie du chemin sous-câble ; dans la seconde, celle des ponts-volants, qui en sont le complément nécessaire, pour traverser les cours d'eau où l'établissement de ponts-suspendus serait impossible. Le tout est suivi de

(*) On peut la lire dans l'*Abeille du Midi* du 22 avril. Voir aussi, dans le *Journal de Toulouse* du 19 octobre 1851, un article de M. de Salve, reproduit, en 1855, dans l'*Universel.*

devis et évaluations qui démontrent l'économie incontestable qui résulterait de l'application de ce système, dont le seul défaut est d'être resté dans les cartons de l'auteur.

Ainsi vivait, dans sa retraite studieuse et dans le cercle assez restreint de quelques amitiés littéraires, l'infatigable et modeste écrivain. Pour clore cette carrière si constamment vouée à l'étude de la science sociale, les honneurs législatifs eussent été un digne couronnement; les électeurs Bas-Alpins y songèrent à deux reprises. Une première fois, en 1848, le parti de l'ordre, qui se souvenait des longs services parlementaires du baron Gravier, porta M. Gustave Rambot sur ses listes; mais un devoir filial le contraignit à décliner le mandat qu'on lui offrait : sa mère, infirme et vieille, était auprès de lui, et il ne voulut pas se séparer d'elle (*). L'année suivante, il eut la douleur de la perdre. Lors des élections de 1852, les sollicitations pressantes de ses amis des Basses-Alpes le déterminèrent à accepter, cette fois, leurs suffrages; mais, au moment où il se disposait à publier sa profession de foi, une circonstance qu'il n'avait pas prévue, et qu'il serait trop long et surtout trop délicat de raconter ici, l'obligea à renoncer à sa candidature. Il dit adieu à tout rêve politique, et se renferma désormais dans ce repos du sage, *otium cum dignitate,* qui fait l'orgueil des esprits élevés et indépendants.

(*) On trouvera sa circulaire aux électeurs des Basses-Alpes dans le *Mémorial* du 16 avril 1848.

Uniquement occupé, depuis lors, des nobles délassements de l'esprit, qui charmaient ses loisirs et ses longues heures de souffrance, M. Gustave Rambot vécut, pendant plusieurs années, dans une retraite profonde (*), luttant contre la maladie sourde qui le minait. Mais bientôt il sentit venir sa fin et chercha, pour y mourir en paix, ce frais asile, ce nid embaumé que rêvent tous les poètes. En 1857, il acquit, sur le cours Saint-Louis, le vaste enclos de Beaufort (**) qui fut, suivant la tradition, le lieu de plaisance du roi René, et dont il eut fait bientôt une villa riante. C'est là que, le corps anéanti, mais l'esprit toujours actif, il passa les deux dernières années de sa vie, et qu'il réunit en un recueil les poésies éparses tombés de sa plume depuis une dizaine d'années; c'est là qu'après une agonie de plusieurs mois, il est mort le 15 septembre 1859, plein de sérénité et de foi en Dieu. Ses restes ont été déposés, suivant son desir, sans

(*) Les honneurs littéraires vinrent l'y visiter : en 1852-54, l'Académie d'Aix l'appela à la vice-présidence, et, le 21 novembre 1857, celle de Toulon l'inscrivit parmi ses membres correspondants.

Un autre témoignage de sympathie, dont il fut vivement touché, lui fut donné, en 1855, par les étudiants Bas-Alpins : il fut nommé par eux président d'une commission de secours qu'ils avaient organisée à Aix, pour venir en aide aux victimes de l'incendie de Méolans (Basses-Alpes). La commission, grâce à ce patronage, recueillit d'assez fortes sommes.

(**) Cet enclos, ainsi appelé du nom de Philippe Beaufort, qui le possédait au dix-septième siècle, comprenait jadis tous les terrains qui bordent le cours Saint-Louis, à l'opposite de l'école des Arts et Métiers, dont l'immense façade, malheureusement défigurée par un récent vandalisme, a été dessinée par Vauban.

honneurs militaires et sans faste, dans la tombe qu'il avait élevée à sa mère (*).

Dernier héritier d'un nom estimé et d'une fortune assez considérable, dont il avait fait, pendant sa vie, un noble usage, M. Gustave Rambot a voulu, par son testament, que ce nom ne périt pas, et que cette fortune fut divisée en une foule de libéralités et de fondations utiles : outre de nombreux legs à ses amis et à de modestes familles qui le bénissent, il a laissé aux pauvres d'Aix et de Gréoulx (**) une dizaine de mille francs ; à l'Académie d'Aix, un capital de douze mille francs, dont le revenu devra être employé, chaque année, à récompenser un acte de vertu signalé dans l'arrondissement (***) ; à la ville, l'élégante villa de Beaufort, pour en faire un jardin public (****) ; à celui qui écrit ces lignes, la

(*) Voir les divers articles nécrologiques publiés dans les journaux d'Aix, et notamment dans le *Mémorial* du 19 septembre.

(**) La commune de Gréoulx lui fut toujours chère : il avait fait lui-même, lorsqu'il habitait Laval, le projet d'un pont sur le Verdon, dont il voulait se rendre adjudicataire, pour le donner à la commune.

(***) Une délibération de l'Académie, en date du 24 novembre, porte acceptation de ce legs ; une inscription commémorative de la fondation du *Prix Rambot* sera placée dans la salle des séances académiques, au Musée.

(****) Le Conseil municipal d'Aix a accepté ce legs et voté une somme de six mille francs pour les premiers frais d'établissement de ce jardin, qui portera officiellement le nom de *Jardin Rambot*, et sera bientôt dessiné, nous assure-t-on, par un artiste de Paris.

somme nécessaire pour faire imprimer ses poésies posthumes et les adresser à tous ceux à qui l'ùnissaient des relations d'amitié ou des liens littéraires ; enfin il a confié à MM. Jules de Fonvert et Jules de Séranon, le soin de veiller à l'exécution de ses volontés dernières. Il lui aurait été difficile de mieux disposer de son avoir, et l'on peut dire de celui qui sait ainsi prolonger ses bienfaits de chaque jour au-delà de la tombe, qu'il n'est mort qu'à demi : sa main glacée n'a pas cessé, en quelque sorte, de s'ouvrir aux pauvres ; les vertus et les misères ignorées recevront toujours de lui le secours qu'il leur prodiguait ; sa porte hospitalière continuera à être ouverte à tout le monde. Pour nous, ses amis, quand nous irons visiter sa poétique et fraîche demeure, nous ne retrouverons plus, au détour des allées, ce sourire bienveillant, cette causerie délicate et railleuse, ces conseils précieux de l'expérience, qui nous fortifiaient aux heures où nous doutions de l'avenir, ce doux échange de rimes et de pensées ; mais nous irons chez lui, son livre à la main ; assis sous les ombrages familiers où nous aimions à deviser avec ce charmant esprit, nous feuilleterons ces pages où se retrouve tout entier l'homme et le poète ; et peut-être, par une illusion du cœur, nous semblera-t-il qu'il est toujours là, et qu'en le lisant nous causons encore avec lui.

Chevalier A. de Berluc-Pérussis.

Tiré à 164 exemplaires, savoir :

150 papier fort,
 10 — de Hollande,
  3 — rose,
  1 — gris-clair.

N°